LA
LOI ÉLECTORALE

ET LES

DEUX CHAMBRES

Suivant la Théorie du Livre de

LA LÉGITIMITÉ

PAR

A. BLANC DE SAINT-BONNET

« Enlevez la plaie horrible qui afflige la société
» humaine sous le nom de *Suffrage universel*, et
» qu'on devrait nommer MENSONGE UNIVERSEL. »
PIE IX, 5 mai 1874.

PARIS

Vᵉ CASTERMAN, LIBRAIRE-ÉDITEUR

66, RUE BONAPARTE, 66

1875

LA LOI ÉLECTORALE

ET

LES DEUX CHAMBRES

PARIS

IMPRIMERIE BALITOUT, QUESTROY ET C°
7, RUE BAILLIF, ET RUE DE VALOIS, 18

LA
LOI ÉLECTORALE

ET LES

DEUX CHAMBRES

Suivant la Théorie du Livre de

LA LÉGITIMITÉ

PAR

A. BLANC DE SAINT-BONNET

« Enlevez la plaie horrible qui afflige la société
» humaine sous le nom de *Suffrage universel*, et
» qu'on devrait nommer MENSONGE UNIVERSEL. »

PIE IX, 5 mai 1874.

PARIS

Vᵉ CASTERMAN, LIBRAIRE-ÉDITEUR

66, RUE BONAPARTE, 66

—

1875

CHAPITRE I

PRINCIPE PREMIER

DE

L'ÉLECTION

I

ll y a certainement quelque naïveté à vouloir traiter sérieusement aujourd'hui le problème de l'Election. Les hommes chargés de le résoudre n'ont réellement pas à cette heure le pouvoir d'ôter un iota au principe d'où sort la loi inique et désastreuse risquée par un gouvernement que la démocratie réduisait aux abois. Trois causes frappent ici d'impuissance l'Assemblée nationale. Premièrement, le principe de la souveraineté du peuple, qu'elle n'a pas su répudier; secondement, l'anarchie intellectuelle et politique qui règne entre ses membres ; troisièmemeut, l'habitude de consulter l'opinion, toujours submergée par le libéralisme. Un groupe de députés mis à part, l'Assemblée n'a pas compris encore que la Révolution n'est tout entière qu'une erreur.

On doit toutefois espérer que la raison, si difficilement écoutée aujourd'hui, pourra se faire entendre demain, quand les événements parleront de nouveau. Si donc nous devons patienter encore, que ce ne soit pas un motif pour rester muets. Il est temps au contraire de parler, de retourner au principe premier de l'élection, et d'arriver sur le terrain où doit se décider une partie de notre avenir.

On convient de toutes parts qu'il s'agit, pour sauver la France, de rétablir le principe d'autorité ; dès lors de reconnaître Dieu comme le souverain des peuples, le fondateur, l'appui, le but final des sociétés humaines. Nions, masquons ou esquivons ce fait, savoir : Dieu seul est souverain, sur quoi reposeront nos lois ? sur quoi s'appuieront les consciences ? sur quoi s'établira la justice et se fondera la raison ? de quelle essence se formera l'autorité ? En maintenant l'idée extravagante de la souveraineté de l'homme, comment remettrons-nous debout le droit, la conscience, l'autorité, gisant à terre comme nous ?

La question a donc besoin d'être reprise par la base. Si la société ne peut trouver de fondement qu'en Dieu, n'est-ce pas la laisser en ruines que de garder, par un aveu tacite, la théorie qui renie Dieu et le met formellement dehors ? Et si, en outre, comme il faut bien le reconnaître, la société consiste dans le triomphe de l'intelligence sur les forces brutes, prendre le suffrage universel pour base, n'est-ce pas couvrir de honte la civilisation ? Sur un fait qui atteint le pays dans sa propre existence et qui le tient dans le plus grand péril qu'il ait jamais connu, l'erreur est donc et plus profonde et plus aiguë qu'on ne veut l'avouer.

Il faut alors tout autre chose que les palliatifs ou les tempéraments dont on s'est occupé. Une réforme ici est impossible. Dans une telle loi, ce qui est désastreux, ce qui est une insulte à la na-

ture humaine, un coup mortel à toute
civilisation, c'est le principe même, c'est
le régime entier. Dans une telle loi, ce
qui est redoutable, ce qui est un outrage
à Dieu même, c'est l'idée dénuée de
raison qui a remis, comme on vient de
le dire, la souveraineté à l'homme. Une
telle souveraineté étant une déclaration
publique d'athéisme, le suffrage universel, qui en devient l'application, n'est
qu'une immense impiété que Dieu con-
tinuera de punir. D'ailleurs un tel suffrage porte avec lui la ruine, puisqu'il
efface l'idée même d'autorité.

Assurément ce n'est pas pour usurper
les droits de Dieu que les hommes sont
en société, mais pour accomplir des devoirs, et, de la sorte, déployer leur nature et atteindre leur perfection. Leurs
droits n'ont d'autre but ici que de garantir l'exercice de ces devoirs. Aussi,
après avoir écarté Dieu, devait-on aboutir à écarter l'homme, à méconnaître sa
nature, à oublier jusqu'à ses intérêts
communs. Abolir le mérite de l'homme,
pure conséquence de sa vraie liberté, de
son pouvoir sublime d'agir suivant sa
loi, n'était-ce pas, en fait, démolir l'or-

dre social et détruire la nation? Il ne
s'agit donc point aujourd'hui de nous
réformer dans l'erreur et de réviser une
législation aussi étrangement perfide et
malheureuse, mais de la renverser tout
entière, et d'effacer l'œuvre aussi hon-
teuse qu'irrationnelle léguée par la Révolution. N'est-il pas temps d'ouvrir les
yeux? Chez nous, l'expérience ne pour-
ra-t-elle avoir raison d'une aberration
qui nous tue? Ne sera-t-il point permis
à la nation, que l'orgueil et l'utopie
exploitent depuis bientôt un siècle,
d'user du droit de s'éclairer par les
principes et de se conformer aux faits?

II

D'un principe odieux devaient inévitablement sortir des conséquences
absurdes et impraticables; car on ne
peut changer la nature des choses. N'y
a-t-il pas toujours au sein d'un peuple ceux qui, lui apportant la vertu,
le capital et l'ordre, produisent plus
qu'ils ne consomment, et ceux qui,

ne cessant au contraire de porter atteinte à la vertu, au capital, à la justice, à l'ordre, détruisent plus qu'ils ne produisent, et sont encore comme dans la barbarie ?

Les premiers n'appartiennent-ils pas au mouvement de composition, et les seconds au mouvement de décomposition d'un peuple ? Le corps social ne se forme-t-il pas et ne fonctionne-t-il pas à l'aide des premiers ? et par les seconds, ses fonctions sans cesse entravées ne tendent-elles pas évidemment à se détruire ? Auquel de ces deux mouvements une nation doit-elle dès lors se confier ? et lequel doit la gouverner, sinon celui qui par le fait la constitue et la gouverne ? Que peut-on changer à cela ?

Aussi, ne sait-on pas à quelle épreuve la Providence elle-même a pris soin de soumettre tout individu appelé à avoir le plus petit degré d'action sur ses semblables. Aucune famille vit-elle jamais sortir de son sein, on ne dit pas un prêtre ou un magistrat, mais un homme pourvu de la moindre fonction libérale, si cette famille n'a pas déjà acquis un capital, ne fût-ce que celui qui permet de recevoir un commencement d'instruction? Pourquoi le capital est-il ici la condition indispensable? N'est-ce pas parce qu'il est, chez ceux qui le possèdent, une première preuve de moralité, parce qu'il porte le véritable signe de l'aptitude sociale? Ne représente-t-il pas, premièrement, le travail, qui exclut la mère des vices, secondement, la modération dans les jouissances, qui témoigne à la fois d'une certaine conscience et d'un apport fait à la société? Hors de ces deux conditions, un homme peut-il même subsister, c'est-à-dire se maintenir vivant au sein des sociétés humaines? Ou, s'il s'y maintient un instant, n'est-ce pas à la faveur des biens constitués par ses semblables? Tout au contraire, le possesseur d'un capital, loin de vivre sur la cité, n'est-il pas l'homme qui la construit et qui aide à la maintenir? Celui-là seul est donc citoyen, ou constructeur de la cité.

Ainsi l'ont compris les peuples. Tous ont considéré le capital, ou la richesse, comme le signe de la capacité sociale. Dieu crée la société en en mettant en nous les principes et les éléments; mais c'est nous qui l'édifions. Et celui qui reçoit tout d'elle sans rien lui rendre, celui qui se tient en dehors de ses lois, n'est pas pour elle un citoyen. Il est un étranger, un frelon qui vit aux dépens de la ruche. C'est un barbare prenant part inopinément au banquet, profitant des mœurs, des lois, de l'ordre, du capital, de la justice, qu'il ne produisit point. Par le fait, son rôle est négatif. Il se borne en définitive à céder aux conditions d'où lui vient la vie.

Mais, on l'apprend bien vite, cet homme ne s'en tient pas à porter dans le corps social une force étrangère et négative. Par son inaptitude au travail et à la modération dans les jouissances, par son éloignement pour la vertu et pour l'obéissance, par ses infractions aux mœurs, aux lois, à la justice, à l'ordre, il y dépose une force nuisible, qu'il importe, non d'établir, mais de restreindre et de régir. Certainement la société ne le rejette point, puisqu'il se trouve dans son sein; mais si elle l'y admet en vue de le moraliser, elle entend ne lui confier ni ses intérêts ni sa vie.

La Révolution n'a point su discerner ces faits. Privée d'observations et de philosophie, elle a voulu que l'expérience des peuples fût remplacée par les idées qui de prime-abord s'offrent à l'ignorance. Elle a pris la civilisation pour un fait nécessaire, voulu de tous les hommes, résultant de toute agglomération, et inévitablement lié au nombre. Elle n'a point vu que toute civilisation est une construction vénérable de devoirs et de droits à laquelle Dieu a mis la main, un édifice dressé de longue date par la vertu, la justice et l'épargne, une ascension régulière et constante de la nature humaine mettant en œuvre sa liberté, noble faculté d'agir, pouvoir insigne de faire le bien. Le fruit de cette liberté n'est point l'égalité des brutes, l'effacement et le nivellement des âmes ; c'est le mérite, venant rompre l'égalité matérielle pour y substituer l'équité, qui est l'égalité morale ; le mérite, sur lequel on voit depuis six mille ans s'élever des ordres, des hiérarchies, des races, et se construire des nations. Ce que les envieux nomment l'égalité, ce qu'ils demandent à la République,

est le sûr moyen d'aboutir à la dissolution des peuples, à l'anéantissement de
toute société. Ecarter le mérite pour
y substituer leur grossière égalité, c'est
abolir notre liberté, écraser la nature
humaine, et peut-être nous avertir que
l'homme touche à ses derniers jours.

Pour revenir aux faits, on pourrait retirer d'une civilisation un très grand
nombre d'hommes, et elle n'en serait
que plus puissante. On lui en ôterait
certains autres en petit nombre, et elle
disparaîtrait tout-à-fait. Avouons que,
depuis un siècle, les idées qu'on se forme du peuple sont totalement fausses ;
et comme de ces idées découle notre politique actuelle, celle-ci confine de tous
les côtés à l'absurde. Une nation doit
discerner ce qui en elle est constitué et
ce qui lui est encore étranger, et met toujours obstacle à sa vie ; elle doit distinguer les points sur lesquels elle existe
déjà de ceux sur lesquels elle n'est
pas encore ; car pour elle la vitalité se
communique des premiers aux seconds.
Dès lors comment, pour son gouvernement, ne lui importerait-il pas de discer_

ner ceux qui, par le fait, la construisent
et la représentent, et ceux qui, pour le
moment, ne peuvent encore que l'entra-
ver ou l'attirer du côté de la ruine?

N'avons-nous jamais observé ce qui
se passe au sein d'un peuple? Si tout à
coup, par exemple, il se faisait une dissolution de l'état social, comment se re-
composerait-il? Une foule considérable,
reprise par la paresse et l'ivrognerie, ne
rentrerait-elle pas aussitôt dans l'état
sauvage? Mais aussi une première série,
voulant pourvoir à ses besoins par le
travail, commencerait à reconstituer ce
qu'on nomme le peuple. Une seconde,
plus intelligente, cherchant à recueillir
les agents de toute production, consti-
tuerait une classe moyenne. Une troisième enfin, mue par un sentiment supérieur, travaillerait avant tout à faire
régner la justice et les mœurs, pour rendre la société réellement possible.

A laquelle de ces trois séries la nation
devrait-elle la condition première de son
existence? Le travail pourrait-il se dé-
velopper sans l'épargne ou le capital,
qui le soutient; le capital sans la vertu,
qui le produit, puis sans la justice, qui

le défend ; la justice et les mœurs sans la religion et sans l'exemple, qui les apportent ; puis tant de choses précieuses sans un Pouvoir qui les protége et leur garantît l'avenir? Ce sont là nos lois organiques. Ici, déjà, les faits indiqueraient la proportion qui doit, autant qu'il est possible, régler le pouvoir d'élection

III

Un tel pouvoir ne saurait être une faveur, un privilége. Un pouvoir social ne peut être confié à ceux qui ne concourent en rien à l'ordre social. Il s'agit d'une fonction sociale : elle doit s'attacher à celui qui déjà de lui-même l'exerce. Elle est fixée ici non-seulement d'après la justice, mais d'après le fait même; non-seulement d'après la raison, mais d'après la réalité. L'intelligence et la vertu ne peuvent point se remplacer. Celui dont l'acte concourt le plus directement à l'existence sociale, ne doit-il pas rester en fait muni du plus grand pouvoir social? Dans notre corps, la

poitrine et la tête remplissent des fonctions qu'on ne peut leur reprendre ,
qu'on ne saurait placer ailleurs; la nature a pris soin de les protéger avant
toutes les autres, et personne ne s'avise
de dire que le pied ou la main pourrait
les suppléer. La société, organisme plus
important et plus considérable encore,
pourrait-elle exister en renversant ses
propres lois? Pourrait-elle, par exemple,
fixer sa base dans la foule, qui tout à
l'heure la désertait pour rentrer dans
l'état sauvage? Eh bien! c'est ce que
fait la Révolution par le suffrage universel...

Ce suffrage est une rupture univer-
selle. C'est non-seulement l'athéisme
érigé en institution, car il découle de la
souveraineté de l'homme substituée à
celle de Dieu, mais c'est encore la constitution la plus radicalement subversive
de la société humaine. Ici tout est fondu,
tout est noyé, et la civilisation est dis-
soute. 93 même n'avait point osé mettre
à exécution cette extravagance; et le
second Bonaparte n'a cru pouvoir en
éluder les suites, qu'en déclarant brus-
quement une guerre sans l'avoir prépa-

rée, dans l'espoir d'opérer une diversion et d'écarter pour un moment le flot qui devait l'engloutir.

Dans le suffrage universel, c'est l'athéisme qui entre en triomphe, c'est la barbarie qui s'installe et s'apprête à tout envahir. Pie IX, en ce moment, s'écrie :

« Laissez-moi le dire ! Que la France » s'efforce d'enlever, ou du moins d'a- » moindrir la plaie horrible qui afflige » la société humaine et que l'on nomme » *suffrage universel !* plaie destructrice » de l'ordre social et qui mériterait, à » juste titre, d'être nommée MENSONGE » UNIVERSEL. » — Arrachons de nos lois la racine du mal. Considérons que l'Etat fondé sur la souveraineté du peuple, est cette « maison que, suivant l'Esprit-Saint, le Seigneur n'a point édifiée, et à laquelle on travaille en vain. »

Le déplacement du pouvoir social par le suffrage universel, c'est la démolition de la hiérarchie, l'abaissement de l'homme, la destruction de l'œuvre de l'histoire et la dissolution même des peuples. Toutefois, chez nous, ceux qui demeurent socialement incapables gardent toujours un droit qui leur vient de Dieu, celui d'être moralisés et de voir leurs intérêts préservés. Mais toutes ces âmes qui se montrent encore si étrangères à la civilisation, pouvant à peine représenter les droits de la vie domestique, ne sauraient en aucune manière prendre part à la vie de l'Etat et à l'exercice du gouvernement. Quelle part leur offrir dans la direction des intérêts publics, et comment soutenir que le point essentiel, ici, est dans le droit de chaque citoyen à prendre part au vote ?

Le premier principe de l'élection consiste donc à ne pas prolonger une lutte insensée contre la souveraineté de Dieu, au moyen d'un suffrage universel qui est l'application d'une prétendue souveraineté de l'homme. Il consiste en outre à sortir du mensonge de ce suffrage, qui n'est aucunement universel, puisque sur nos 36 millions d'âmes il n'admet que 10 millions de votes, qu'il refoule les besoins les plus importants de la société, et néglige la masse entière des intérêts. Enfin, il ne doit même pas être

universel à la manière dont on l'entend,
puisqu'ici les forces négatives et des-
tructives de la civilisation viendraient
étouffer les forces positives. Arrivons,
au contraire, à l'élection vraiment uni-
verselle, à celle qui, mettant en ligne
tous les besoins de la nature humaine,
embrasse l'universalité des intérêts.

CHAPITRE II

LES INTÉRÊTS
DOIVENT TOUS ÊTRE REPRÉSENTÉS
PAR
L'ÉLECTION

I

Le suffrage universel honnêtement pratiqué est celui où les besoins et les intérêts sont universellement et distinctement représentés dans la mesure de leur importance. Honnêtement, c'est-à-dire suivant une justice attribuant avec abondance à chacun ce qui lui appartient. Ces intérêts, qui sont à la fois ceux de l'homme et de la société, ne seraient ni universellement ni équitablement représentés, si l'un d'eux parvenait seul à se faire entendre, ou si, par exemple, les éléments supérieurs de la société demeuraient étouffés sous les éléments inférieurs, comme il arrive chez les peuples barbares. Car on doit embrasser ici les intérêts de l'âme autant que ceux du corps, puisqu'il s'agit de l'homme, puisqu'il s'agit des richesses morales et économiques déposées sur un territoire par le travail d'une nation.

La Révolution, ne poursuivant qu'un être abstrait, fut toujours prête à nous faire lâcher la proie pour l'ombre. Après avoir fait apostasier Dieu à la société, elle devait réduire les hommes à la situation la plus précaire et la plus insensée qui se fût jamais vue. Chez eux le nombre, comme dans la matière, devenu maître, devait tout écraser. Des hommes abdiquent ici ce qui fait leur valeur aux yeux de Dieu comme aux leurs, à savoir le mérite, conséquence et rayonnement de toute liberté; ils consentent à se voir traités comme une sorte de troupeau dont on compte les individus par tête. Et, dans cet égarement extrême, ils ont cru retirer une gloire de ce qui les avilissait!

Qui ne le voit maintenant? le mal qui nous humilie et nous dévore n'est-il pas dans un suffrage qui fait publiquement

prédominer chez nous la force brutale sur
l'intelligence, la barbarie sur la civilisation, enfin l'erreur jointe à la jalousie sur
la justice, sur les droits et sur les intérêts ? Comment s'attendre ici à voir triompher l'humanité, c'est-à-dire la vertu, la
justice, l'intelligence, les droits acquis,
tout ce qui compose une civilisation ?
Peut-on ravir longtemps le pouvoir à la
capacité, pour le donner à l'ignorance ?
en frustrer la moralité et les intérêts, pour
le remettre à l'inaptitude mise au service
de l'utopie ? « C'est par le suffrage universel, dit le R. P. Ramière, que la Révolution se vante d'affranchir les peuples, et c'est par là qu'elle consomme
leur ruine ! »

Il faut nécessairement considérer ici
la société, ou telle que l'utopie la sup-
pose, tous les hommes étant reconnus
bons, laborieux, éclairés, et disposés à
concourir à l'ordre ; ou telle que les faits
nous la montrent, les hommes ayant besoin d'être conduits au bien, d'être éclairés, amenés au travail, assistés, admi-
nistrés, en s'échelonnant d'ailleurs, sur
la route du bien, à des distances très diverses. L'alternative en ce moment est

effrayante : ou la société parfaite résulte de toute agglomération d'hommes, en ce cas ils restent tous pourvus du droit électoral; ou elle est un bien élevé qu'il faut atteindre, puis défendre et affermir par des précautions sans nombre, en ce cas ceux-là seuls qui la constituent réellement doivent conserver leur pouvoir, afin de la mettre à l'abri de ceux qui viennent la détruire.

Mais, il est aisé de le voir, si tous les hommes sont dans le bien, pourquoi faut-il partout leur apporter la justice ? s'ils sont tous éclairés, pourquoi faut-il partout les instruire ? s'ils sont tous sobres et laborieux, pourquoi un si petit nombre fournit-il à la multitude l'instrument du travail ? enfin s'ils sont bons et humains, pourquoi la force est-elle partout indispensable au maintien des lois et de la paix ? Eh bien ! c'est dans la question des élections que le problème vient se résoudre ; c'est là qu'il reçoit une application qui, pour nous, est la vie ou la mort. Oui, comment le nier ? par le fait, un certain nombre d'hommes construisent la société pendant que d'autres la détruisent. Faut-il offrir à ces derniers le pouvoir social qu'exercent les premiers? Est-ce la foule, en d'autres termes, qui maintiendra les meilleurs en société, ou sont-ce les meilleurs qui y maintiendront la foule ? Le faux suffrage universel est donc tout ce qu'il y a de plus insensé, et l'on voit de quelle fausse notion sur l'homme découle une aberration de ce genre...

Mais cette folie, qui aux yeux de Dieu couvre une impiété inavouable, est à l'égard d'un peuple, premièrement, une iniquité et un danger de mort; secondement, une imposture; troisièmement, une extravagance pratique; quatrièmement, et c'est là qu'il faut en venir, un abandon de tous ses droits et de tous ses intérêts.

Et d'abord, une iniquité et un danger de mort. En effet, comment soumettre sans imprudence une nation, composée nécessairement de toutes ses générations, aux volontés subites d'une seule génération? Si les républicains voulaient être attentifs, ils se diraient qu'une nation est formée de toutes ses générations; et que, point essentiel! la der-

nière a d'autant moins le droit de bou-
leverser l'œuvre des précédentes, que ce
sont celles-ci qui l'ont faite ce qu'elle
est ; qu'en fin de compte elle ne subsiste, comme toute grande Maison, que
par le fait de l'héritage ; et que si tout
son effort ne s'applique à le recueillir,
par elle seule elle n'est presque rien. De
là le fait majeur exprimé par ces mots :
LE DROIT TRADITIONNEL, droit qui est le
lien et la mesure de notre vie.

Le droit traditionnel ! le droit de toutes
nos générations ! Cherchez un droit plus
grand ! Or, c'est le premier que le faux
suffrage universel oublie... C'est parce
que le souverain représente ce droit qu'il
est le dépositaire de l'autorité. C'est alors
devant lui, c'est en présence de la loi et
des besoins permanents d'un peuple, que
le droit électoral vient introduire la cause
des développements nouveaux et faire
valoir les droits des besoins variables.
Le droit électoral ne fait rien de plus.
La représentation nationale ne peut pas
avoir pour mission d'abroger les siècles
ni de constituer l'Autorité, qui vient de
Dieu et se mêle à la trame des peuples,
mais seulement de la seconder, de l'in-

.former, de la conseiller, en représentant devant elle les besoins et les intérêts actuels de la nation. Voilà pourquoi le Roi de France s'écrie : « Aucune nation » chrétienne ne peut impunément déchi- » rer les pages séculaires de son histoire, » *rompre la chaîne de ses traditions*, ins- » crire en tête de sa Constitution la néga- » tion des droits de Dieu. » (8 mai 1871.)

D'ailleurs, comment laisser à une gé- nération si profondément ébranlée par l'erreur, le pouvoir de porter la main sur cet héritage des générations anté- rieures, inaliénable patrimoine des géné- rations à venir, sans lui faire commettre à l'égard de la nation une injustice ca- pitale, et l'exposer à un danger de mort? Si, à cette heure, tous les méchants se portaient du même côté, ils feraient va- ciller la terre.

Il nous faut d'ailleurs, comme à toute nation, une organisation électorale d'où parte un mouvement supérieur à la vo- lonté populaire, car tel est le moyen de sauver le peuple! Toute la vie d'un peu- ple consiste précisément à s'élever au- dessus du peuple. On y arrive ici, d'un côté, par le cens, qui est une première ascension de la société s'affranchissant des liens de l'incapacité sociale, et de l'autre, surtout, par une représentation des besoins répondant au système de la division du travail, qui d'elle-même s'établit chez tous les peuples. Il faut se garder de croire que le cens soit appelé à réduire au silence toute une catégorie d'intérêts. C'est par le cens (1), au contraire, qu'ils sont puissamment représentés et rétablis à leur place respective. Ce n'est point parce que tous les individus voteront, que tous les intérêts seront représentés. Pour que tous les intérêts s'expriment, il faut classer et distribuer les votants selon la nature et l'importance de leurs fonctions. De la sorte, on parvient à représenter la nation telle qu'elle est, et non telle qu'on arrive à la décomposer en s'adressant au nombre.

Ensuite, que le faux suffrage univer-

(1) On remarque, il est vrai, aujourd'hui que la dernière classe des électeurs est moins à craindre peut-être que l'avant-dernière. Mais c'est là un fait momentané, résultant des effets de l'erreur libérale sur la part inférieure de la classe lettrée.

sel soit une imposture, qu'il soit en pratique tout ce qu'il y a de plus contradictoire, qu'il ne présente qu'une supercherie palpable et dérisoire, c'est ce qu'a parfaitement montré M. Lasserre. Ici, dit-il, le mensonge est flagrant et l'iniquité est manifeste, puisque, sur trente-six millions d'habitants, ce suffrage ne compte que dix millions de votants; puisque la loi, dont un but principal est de protéger les faibles, évince ici les enfants et les femmes; puisqu'en outre il équivaut à une privation des droits politiques infligée aux minorités par les majorités, qui partout les écrasent et les effacent; puisqu'enfin il sacrifie l'élite au vulgaire, ou les minorités éclairées aux majorités aveugles. Il ne s'agit pas seulement d'écarter le scandale des candidatures officielles ou des pressions démagogiques; mais, dit encore le même auteur, de briser ce système qui est l'écrasement des faibles et la mise en pratique de la loi du plus fort. Ce système d'iniquité et de servitude, qui tend à l'abaissement général des caractères, se donne comme l'ordre, et il est le plus profond désordre.

Et ce n'est là encore que le moindre
côté de la question. Constitution même
de l'anarchie, le faux suffrage universel
est le moyen de briser toute autorité, de
nier toute morale, d'effacer toute intelligence, de neutraliser tout mérite, de
rayer toute loi, et, en dernier terme, de
trahir tous les intérêts. Ajoutons, pour
arriver aux conclusions prêtes à fondre
sur nous : Si nous voulons la loi des
suspects, la suppression du mariage,
l'abolition de la famille, la promiscuité
et l'éducation des enfants par l'Etat,
l'athéisme légal, l'abrogation de tous les
cultes, l'égorgement des riches, l'impôt
progressif, l'abolition de l'héritage, la
spoliation complète de la bourgeoisie,
en un mot, la toute-puissance des insen-
sés unis aux scélérats et le massacre en
masse, nous sommes certains d'y arriver par ce suffrage. Avant peu, le peuple, souverain de fait, pour remédier à
ses misères, ne verra plus d'autre moyen
que la confiscation et la mort. Si la
France veut périr, elle n'a qu'à persis-
ter à confier le Pouvoir à un tel suffrage.

II

L'idée de représenter tous les intérêts
de l'homme et de la société est la loi
même de l'élection. Il est temps de ramener les esprits à cette notion si sim-
ple, et de leur rappeler qu'un élément
unique, celui de la population indiqué
par un chiffre, ne saurait nous donner
cette loi. Il ne s'agit pas ici d'édifier un
peuple abstrait, en laissant la vraie nation suspendue dans le vide, mais de
recueillir et de classer tous les intérêts
établis sur son territoire. Que serait la
France sans les Français? mais que seraient ceux-ci sans le territoire? Comment séparer l'homme de son capital?
Comment séparer les Français d'un sol
qui est le dépôt de leurs mérites et de
tous leurs efforts, et qui fait si profondément partie d'eux-mêmes?

Si les Français représentent la génération actuelle, leur sol représente les
générations antérieures, qui ont fait
cette génération ce qu'elle est. En nous
donnant la vie, elles nous ont transmis,

pour la conserver, leur sol, ce capital énorme, cet auguste dépôt formé par leurs vertus ; et, avec ce sol, elles nous lèguent leurs lois, leurs forces, leurs exemples et leurs conseils. Aussi est-il indispensable de représenter simultanément tous les principes et toutes les professions qui ont créé le territoire. Pour nous le conserver, il faut que ces valeurs morales y soient aussi fidèlement représentées que les valeurs économiques. En ne protégeant pas les premières, on laisse périr les secondes et l'on met la nation en péril ; et l'intérêt majeur que nous présentent les premières est d'autant plus sacré, que d'ordinaire il échappe aux regards de la foule, comme il a échappé à ceux de la Révolution.

Or, dès qu'il s'agit de la représentation des intérêts, il y a dès l'abord une double remarque à faire. La première, c'est que les intérêts ne sauraient être confondus ; ils doivent être reconnus, distingués les uns des autres, puis expressément représentés par les intéressés eux-mêmes. La seconde, c'est que les intérêts inférieurs sont ceux qui occupent la multitude, tandis que les intérêts supérieurs n'emploient qu'un petit nombre d'hommes. Si l'on réfléchit qu'il en est ainsi à mesure qu'on s'élève, et que l'intérêt le plus important, le plus élevé, celui qui garantit tous les autres, est défendu par un seul homme, le Roi, on voit que cet intérêt se trouve sacrifié dès qu'on veut recourir au nombre. Il disparaît dès qu'on le met au rang des autres par un faux suffrage universel.

L'existence de la Société et celle des intérêts qu'elle renferme exigent donc un mode de suffrage échappant, d'une part, à la confusion, et, de l'autre, à l'inintelligence et à la tyrannie du nombre; autrement dit, tenant moins compte du nombre des votants que de leur spécialité et de l'importance des intérêts à défendre. Ce mode ne saurait être que celui qui, représentant régulièrement et distinctement les besoins et les intérêts légitimes, protége toutes les existences nationales, toutes les branches de la production, et, avant tout, les besoins de moralisation, sur lesquels repose la société elle-même.

Que tous les votes tombent pêle-mêle dans l'urne, comme le veut l'unitarisme

du faux suffrage universel, que dès lors
tous les intérèts et tous les droits confondus n'en forment plus qu'un seul, il
est clair qu'il n'y a plus ni un seul droit,
ni un seul intérèt garanti. Les besoins
et les droits si divers et si importants
de la religion, de l'enseignement, de la
magistrature, de l'armée, puis de l'agriculture, de l'industrie, de toutes les corporations, comme de toutes les sociétés
scientifiques ou bienfaisantes, s'éva-
nouissent dans la fusion sauvage qui les
confond et les anéantit au sein d'un suffrage commun.

Les intérèts les plus ordinaires et les
moins élevés étant, comme on vient de
le dire, représentés par le plus grand
nombre des votants, les autres votes se
perdront nécessairement dans ce vote
unique et absurde. Il est aisé de suppo-
ser une cité formée d'un millier d'arti-
sans, pour exercer les diverses professions; de six gendarmes, pour maintenir l'ordre; de trois magistrats, pour
rendre la justice, et de deux prêtres,
pour instruire et moraliser. Que pourront les voix des onze derniers au mi-
lieu des mille autres, si l'on prétend

faire décider des intérêts moraux et des premiers besoins de cette civilisation par la majorité des votes ? Et, d'autre part, comment pourront s'entendre entre elles les diverses professions ?

Pour tirer de plus haut un exemple, supposons (ce qui ne saurait arriver) que le Très-Saint-Père voulût interroger la chrétienté sur tous les besoins spéciaux de l'Eglise. Confondra-t-il dans la même urne l'avis des simples fidèles, celui des évêques et celui des cardinaux, pour ne former qu'un sentiment universel et se rendre à la majorité des voix ? Ne voudra-t-il pas ouïr d'une façon distincte les curés, les évêques, les cardinaux ? les curés, sur les besoins des paroisses, les évêques, sur les besoins des diocèses, les cardinaux, sur les besoins généraux de l'Eglise ? S'il agissait autrement, le Saint-Père aurait-il connaissance des faits, et pourrait-il donner satisfaction à tous les divers besoins des âmes ?

Cela revient à dire que, pour avoir un résultat à la fois juste et rationnel, il faut d'abord que tous les intérêts soient représentés, puis, qu'ils soient défendus par ceux qui naturellement les repré-

sentent, enfin, qu'ils le soient dans l'ordre de leur prééminence. Confier en
bloc tous les intérêts à tout le monde,
c'est non-seulement ne les confier à personne, mais vouloir les sacrifier tous.
En outre, confier les intérêts d'un ordre
supérieur à ceux qui représentent les
intérêts d'un ordre inférieur, c'est les
remettre à ceux qui ne les comprennent
pas, qui trop souvent même sont portés
à leur être hostiles. Remettrait-on les intérêts de l'industrie à des cultivateurs,
ou les intérêts de l'agriculture à des industriels? Les intérêts du prêtre, du magistrat, de l'homme d'Etat, du grand
propriétaire, etc., seront-ils remis à celui que ne possède pas même un capital?

Si l'on ne peut être judicieusement
jugé que par ses pairs, de même on ne
saurait être élu que par eux. On ne demande pas au cordonnier de faire un
habit, au tailleur de faire une loi, au
magistrat de prendre une épée, au sol-
dat de définir un dogme.

III

La confusion des votes, comme leur
équation, est une absurdité et une iniquité. Mais on confond depuis un siècle
l'égalité et l'équité. L'égalité morale,
c'est-à-dire l'équité, est celle qu'on doit
avoir en vue. L'égalité matérielle, ici, est
dépourvue de sens.

Les professions ne présentent pas
toutes la même valeur sociale, et ne
sauraient être appréciées qu'en proportion des bons offices qu'elles rendent à
la nation : c'est là d'abord son intérêt à
elle. Les unes sont pour un peuple des
conditions indispensables d'existence,
et les autres, de simples avantages d'u-
tilité. Ce sont ces différences que le lan-
gage a depuis si longtemps reconnues
et exprimées en appelant les premières
des Dignités, et les secondes des professions. Peut-on nier que les services du
clergé et ceux de la magistrature, comme ceux du législateur et de l'homme
d'Etat, de quiconque, en un mot, four-
nit un capital moral ou matériel, ne

soient au-dessus des professions qui ne subsistent elles-mêmes, après tout, qu'avec l'aide et le secours des autres ? « La fortune, la naissance, l'intelligence, dit M. Coquille, sont, au point de vue politique, les forces vives d'une nation. »

Ce serait aussi une étrange méprise de vouloir demander des principes et des lumières à ceux-mêmes auxquels il est urgent de les fournir, et surtout de croire que toute une nation en masse est apte à protéger les principes, à reproduire et à défendre la vérité pure. Généralement, il ne faut pas demander aux masses des principes. En Turquie, en Russie, en Prusse, en Chine et même ailleurs, partout elles ont ceux qu'on leur donne, et ne s'élèvent pas plus haut (1). La vue claire des vrais principes, comme l'amour pur de la vérité, n'est pas ce

(1) Un fait si général devrait offrir aux hommes d'Etat une occasion de réfléchir. Sous la Restauration, on les voyait, heureusement, monarchistes et religieux ; mais, dès qu'elle succomba, ils se donnèrent au libéralisme ; et quand vint Bonaparte, ils tombèrent dans le césarisme. Souvent la métamorphose portait sur les mêmes individus ; et celle des plus illustres d'entre eux demeurera proverbiale.

qui caractérise la multitude. D'ailleurs, les hommes ne réussissent que dans les choses dont ils s'occupent avec affection et intensité. Or, généralement ils s'inquiètent d'eux-mêmes et de leurs intérêts ; ils arrivent ainsi à bien connaître ces intérêts, mais rarement à s'élever jusqu'aux principes, et moins encore à les faire passer avant tout. La conclusion de ce fait général, auquel on ne fait pas assez attention, est qu'il a toujours été aussi raisonnable, aussi avantageux d'interroger les hommes sur leurs intérêts, que déraisonnable de les consulter en masse sur les principes religieux et politiques, en mettant ces derniers en question.

Rappelons-nous donc, pour conclure, que les intérêts sont divers, qu'ils sont d'autant mieux servis que l'on parvient mieux à les distinguer les uns des autres, qu'on doit les faire représenter par des hommes compétents, et les apprécier suivant leur importance. Car le but est de FAIRE DROIT A TOUS LES INTÉRÊTS LÉGITIMES.

Tel est le principe régulateur de l'élection.

Ainsi la loi de l'élection consiste à tenir compte DE TOUTES LES BRANCHES DE LA PRODUCTION, COMME DE TOUTES LES SOURCES DE LA MORALISATION, pour embrasser dans leur totalité les existences nationales. En ce qui concerne la production, l'élection doit naturellement répondre à ses deux branches principales, l'agriculture et l'industrie; en ce qui concerne la moralisation, l'élection doit assurer une représentation à l'Autorité, au clergé et à ses différents Ordres, à la magistrature, et aux sociétés qui ont pour objet le droit, les sciences, les arts, la bienfaisance ou toute autre fonction d'intérêt social.

Ce sont là de véritables existences, toutes légitimes, qui, suivant leur importance, doivent avoir des électeurs ou des représentants directs. Toutes les fonctions et professions, les corporations investies d'un caractère sacré et celles qui représentent des chambres syndicales ou des corps de métiers, doivent être autorisées à se classer selon leurs spécialités, à traiter de leurs obligations et de leurs intérêts, et à nommer leurs représen-

tants (1). Rien de plus naturel et de plus
légitime, chez les hommes en société,
que ces liens particuliers de la fonction
ou de la profession au sein même du
corps politique, autant pour affermir
ce dernier que pour favoriser ceux qui
le composent.

D'après cette première vue d'ensemble, il est aisé de reconnaître qu'il y a
chez les hommes deux grandes classes
d'intérêts, les intérêts moraux et les intérêts matériels; que les premiers sont
la base et la garantie des seconds, et
que les individus qui représentent ces

(1) C'est ce qui se faisait avant 93. Si, dans les
cantons ruraux, le nombre des députés électeurs
était de 2 à raison de 200 feux et au-dessous,
dans les villes, les corporations d'arts et métiers
choisissaient un député électeur à raison de
100 individus et au-dessous. Les corporations
d'arts libéraux ou de commerçants, comme
tous les corps autorisés, nommaient 2 députés
à raison de 100 individus. Le clergé possédait
une représentation égale à celle de la noblesse.
Dans celle-ci, l'élection était directe; dans le
Tiers-Etat, à deux ou à trois degrés; dans le
clergé, en partie directe et en partie à deux
degrés.

derniers ne sauraient être en même
temps chargés de représenter les premiers sans les compromettre.

Venons à la pratique de ce point essentiel, qui dénoue un des problèmes
les plus importants de la politique.

CHAPITRE III

LES DEUX INTÉRÊTS

ET

LES DEUX CHAMBRES

I

Au sein des nations, ou des êtres
moraux, il y a deux sortes d'intérêts :
les intérêts moraux, qui sont à propre-
ment parler les intérêts de l'homme et
de la nation tout entière, et les intérêts
matériels, qui sont plus spécialement les
intérêts des individus et des localités.
Les premiers, permanents, essentiels,
liés à notre existence morale, se voient
partout représentés par un corps per-
manent, et plus particulièrement national. Les seconds, modifiables, solidaires,

quoique disséminés, indispensables aussi
à notre existence terrestre, se trouvent
représentés par un corps élu, et plus
spécialement provincial.

Ces deux grands corps dans l'Etat forment ce qu'on appelle deux Chambres :
Chambre des Pairs, gardienne des intérêts moraux, dépositaire des traditions,
protectrice des forces morales du pays ;
Chambre élective, gardienne des intérêts économiques, tutrice et protectrice
des choses utiles qui constituent les forces en quelque sorte corporelles; Chambre-haute et Chambre-basse, comme on
le dit en Angleterre.

Il importe, on le voit, de ne sacrifier
en les confondant ni les intérêts moraux, d'où dépendent la grandeur de
l'homme et la vie nationale, ni les intérêts matériels, d'où dépendent la pros-
périté économique et la vie des individus. Si les premiers sont l'âme de la
nation, les seconds sont comme un
corps à son usage. Distinction capitale,
car depuis que la Révolution s'est avisée
de confier les intérêts moraux à ceux
qui par le fait représentent les intérêts
économiques, les premiers, sans parler

des seconds, sont totalement compro-
mis...

Insistons avec quelques détails sur la
raison d'être des deux Chambres et sur
leurs fonctions respectives.

II

Chez tous les peuples, c'est l'aristocratie, c'est-à-dire le clergé et les familles anciennes et distinguées, qui représente les intérêts moraux; car c'est
en les établissant et en les défendant,
que celles-ci arrivent à l'état d'aristocratie. Mais, comme tout ce qui est
composé de membres, cette aristocratie
ne se maintient que par l'unité et la
force du corps entier. Il faut dès lors
que ce corps soit constitué. Il faut une
Pairie tutrice des intérêts moraux, appui
de la religion, gardienne des traditions,
conservatrice des libertés publiques,
tête et couronnement de toutes les aristocraties. Car de tels éléments ne sauraient rouler pêle-mêle avec les flots de
la nation.

Dans ce fleuve tumultueux, il importe
de faire surnager la tête qui doit animer
tout le corps; d'abord le clergé, ensuite
les grandes et les bonnes familles qui
croissent à sa voix, grain précieux qui
lève dans les beaux sillons de la France,
source des mœurs, école du respect et de
la politesse, axe économique et moral
de nos populations.

Ainsi, les hommes qui nous viennent
de Dieu pour nous instruire et nous moraliser, puis les familles qui semblent
recevoir la mission de présenter un double capital, de répandre l'exemple ou de
verser héréditairement leur sang, tous
ceux qui entretiennent la justice, la lumière et la paix, la haute magistrature,
la grande agriculture, les services gra-
tuits, la vraie science, la charité : l'ensemble aristocratique, en un mot, doit
être représenté et maintenu par une institution qui le consacre; et de là, la
Pairie.

En France, il importe que cet ensemble précieux se reconstitue pour reconstruire politiquement la famille, la cité,
la province, et par suite les mœurs politiques et les caractères : en d'autres

termes, la nation. Il faut qu'il prenne corps dans la Pairie. La hiérarchie est l'édifice de nos droits, et la Pairie en est le faîte. Elle est, par les éléments qu'elle fixe, comme la partie solide du pays.

Même pour garantir la sécurité et la richesse publiques, ou ce qui a l'intérêt pour base, il faut que la politique défende la vie morale, ou ce qui a la vertu pour base. Les classes qui représentent plus particulièrement la vitalité des traditions, celles de la famille, de la justice, de la propriété, en faisant valoir les intérêts premiers de la société, étendent invisiblement leur action vérificatrice sur celles qui s'emploient à faire valoir les intérêts économiques.

La Pairie vient autant s'opposer ici à une séparation (qui serait une ruine) entre l'ordre moral et l'ordre économique, qu'à une confusion fatale entre ces deux ordres d'intérêts. Quelle idée se ferait-on, chez l'homme, d'intérêts matériels séparés des intérêts moraux? Ces derniers ne renferment-ils pas le but définitif? C'est pourquoi, non-seulement la moralité et la justice, mais aussi bien

la production, l'épargne, la consomma-
tion et la sécurité dépendent de causes
morales. Il faut, pour établir et conserver cette coordination génératrice, que
la Chambre des Pairs soit le premier
corps de l'Etat; même pour la dignité
de l'homme, il faut que cette Chambre
tienne dans l'ordre politique le rang que
les principes occupent dans l'intelligence.

La Chambre des Pairs remplit une
mission sociale autant que politique.
Car, si elle peut apporter à la monarchie
l'appui d'un corps intermédiaire qui,
d'une part, la soutient contre les fac-
tions, et, de l'autre, l'empêche de dégé-
nérer en tyrannie, elle imprime un gé-
néreux élan à la nation entière, elle
place au faîte de la société un noble et
puissant sujet d'émulation. Il importe à
la fois d'offrir une récompense éminente
à des vertus, à des services éminents,
et d'imprimer à tout le corps social un
mouvement d'ascension qui entretienne
une généreuse rivalité chez les gens de
bien. Parmi nous, les religieux seuls
peuvent se passer de ces sortes d'encou-
ragements et ne rien attendre que de

Dieu. En politique, on ne saurait traiter tous les hommes comme des saints.

Enfin, toute classe héréditaire doit comprendre qu'il lui serait impossible de conserver son rang, sans payer à sa manière à la nation l'apparent privilége dont elle est investie. La classe arrivée par ses mérites au premier rang, perd son prestige si elle se laisse enlever par l'opinion le triple sceptre de la vertu, de l'intelligence et de la charité. Si toute classe civilisatrice finit par devenir une classe élevée, toute classe élevée est soumise à la nécessité de rester civilisatrice. S'il n'y a pas de société humaine sans aristocratie, ni d'aristocratie réelle sans Pairie, il n'y a pas de Pairie stable sans supériorité.

Formant le faisceau précieux des traditions unies à la grandeur morale, la Pairie est ainsi le grand corps conservateur. Il emprunte ses éléments à la Maison régnante, à tous les évêques français, aux délégués des Ordres religieux, aux plus anciennes familles de la nation, puis aux premières dignités de l'armée et de la magistrature, à la grande propriété, enfin aux notabilités désignées par le Roi. C'est par de tels éléments qu'elle aide celui-ci à maintenir les lois premières d'où dépend l'existence de son peuple.

Aussi voyons-nous pourquoi il importe chez nous, et surtout à cette heure, de former une part notable de la Pairie par l'adjonction de tous les évêques français unis aux délégués des Ordres religieux. Il faut se rendre aux faits, et reconnaître le côté faible de la société française. Dans un pays si profondément déchristianisé, si complètement dépouillé d'instruction, de principes et de Foi, peut-on suffisamment compter sur les membres fournis par la noblesse, l'armée ou la magistrature pour rétablir la constitution catholique de l'Etat, pour relever l'Ordre chrétien, qui est désormais celui d'où nous attendons le salut? En cela, la nation française ne fera que suivre ses traditions de tous les temps, uniquement interrompues par la Révolution, mais subsistant encore en Autriche et partout où le libéralisme n'a pas achevé d'annuler l'esprit politique.

L'admission de tous les évêques à la Chambre des Pairs serait à la fois un

obstacle aux tendances révolutionnaires,
beaucoup plus acharnées encore contre
la religion que contre le capital, et un
frein aux gouvernements égarés qui
pourraient être tentés de tenir une con-
duite semblable à celle des deux Em-
pires. Et il y aura moins à craindre ici
qu'un Pouvoir abusé passe outre, malgré
les résistances d'une Pairie ainsi composée, que si, par exemple, il se trou-
vait en face d'un troisième corps uniquement formé de membres du clergé.
Par ses chefs vénérables, tous accoutu-
més à garder des ménagements avec le
personnel qu'ils gouvernent, et présentant des hommes bien plus aptes en ad-
ministration que les avocats et les pu-
blicistes, le clergé ne forme ici qu'un
seul corps avec la Pairie. Il se confond
dans ce précieux ensemble tout en y
portant la lumière, et son action élevée
et profonde, sans y être exclusive, n'y
fera pas moins dominer la politique des
gens de bien.

Comment une telle Chambre pourrait-
elle être élue par le peuple? C'est au
peuple qu'on apporte la religion, la justice et l'épargne; ira-t-on les lui deman-

der? Pourrait-elle être élue par les classes moyennes? mais c'est dans ces classes surtout qu'on a peine à faire triompher les plus grands principes; pourra-t-on les en faire découler? Bien qu'elles possèdent des vertus domestiques et des facultés d'épargne très importantes, ne sont-ce pas elles qui, précisément parce qu'elles ont voulu établir chez nous leur empire, ont entraîné le naufrage des intérêts moraux et, par suite, celui de la nation? Il faut, pour la Pairie, d'autres mérites que ceux de la richesse et du talent, que les classes moyennes estiment avant tout : il s'agit de représenter le droit traditionnel, de protéger tous les intérêts de l'ordre supérieur. Aussi appartient-il au Roi, seul juge réel et désintéressé dans ces matières, de désigner les conditions de la Pairie et même de choisir les familles d'où sortiront les pairs. D'ailleurs, dès qu'on est affranchi de l'erreur de la souveraineté du peuple, on comprend que si l'homme est libre, il a le droit de n'obéir qu'à Dieu, et que les rois doivent dès lors être considérés comme représentant le droit divin en même temps que le droit national.

Le Roi est donc tenu d'entretenir les
rangs de la Pairie nationale : soit parce
qu'il règne au nom d'un droit divin, soit
parce qu'il est le représentant naturel
de la vie nationale transmise par les générations précédentes, soit parce qu'il
est le témoin désintéressé de tous les
mérites et de tous les services éminents
rendus au pays.

III

Si la Chambre des Pairs protége les
intérêts moraux, qui sont les mêmes
pour la nation entière, la Chambre élective protége les intérêts matériels, qui
sont souvent des intérêts locaux et actuels. La Pairie représente plus spécialement la nation, et la Chambre
élective plus spécialement les provinces. Or, si, pour protéger la nation, il
importe de protéger les traditions et tous
les intérêts moraux de la société même,
pour représenter les provinces il importe de protéger les divers intérêts

économiques. C'est de l'oubli de cette distinction, conséquemment du rôle peu raisonnable attribué à la seconde Chambre, que découlent à peu près tous les maux du pays.

Elue en définitive depuis un siècle par les classes moyennes, et bientôt par le peuple lui-même imposant ses choix par le nombre, cette Chambre (on le sent aujourd'hui), victime de son origine et de l'impulsion que la Révolution lui imprime, a complètement perdu de vue les grands principes. Vouée au libéralisme le plus irréfléchi, favorisant l'industrialisme, d'où sortaient les fortunes rapides, allant, dans son mépris des principes et des dogmes, jusqu'à dédaigner le catholicisme et à promulguer la liberté de la presse et des cultes, oubliant jusqu'aux intérêts de notre agriculture, cette Chambre n'a pu s'élever à la hauteur des traditions françaises. Elle semblait mettre plutôt sa gloire à les nier toutes, et, par le fait, depuis longtemps, on ne vit rien de plus médiocre en politique.

Par sa nature elle était appelée à représenter les intérêts matériels, et l'on a

persisté à lui confier les intérêts moraux
et nationaux. Aussi n'a-t-elle soutenu
que les intérêts de la Révolution, dont
elle ne fut en définitive que l'imprudente
héritière. Chargée de gouverner et de
constituer le Pouvoir, elle se prêtait tous
les quinze ou vingt ans au renversement
du Pouvoir, à l'évincement de l'Eglise,
à la suppression des droits provinciaux,
à l'extinction de toute aristocratie. Sans
s'en douter, elle n'a travaillé qu'à démolir. C'est la triste fonction à laquelle
la vouait le parlementarisme. Ce dernier fait parler ceux qui ne savent pas,
et gouverner ceux qui doivent avant
tout se laisser conduire.

On aurait dû voir qu'une telle Chambre était en grande partie formée des
classes qui ont l'intérêt pour premier
objectif. C'est là qu'apparaît la naissante
ambition, croissant en proportion de la
fortune acquise ; ambition non contenue
encore par les traditions vraies d'une
aristocratie et par les sentiments supérieurs que parvient à inspirer la Foi.
Par suite des préoccupations ordinaires
de leurs membres, ces classes se trouvent plus naturellement portées à deve-

nir jalouses des prérogatives acquises aux classes plus élevées, et dès lors à combattre les intérêts moraux que celles-ci représentent. C'est là un inconvénient majeur qui tient à la nature même des choses, mais qui interdit à ces classes le Pouvoir supérieur.

Dès qu'on laisse les classes moyennes agir seules et à l'exclusion des autres, dès qu'on leur fait dépasser leurs attributions, on les fausse, on les prend à contre-sens, on les pervertit, et l'on n'en tire qu'un résultat fâcheux. C'est ce qui arrive quand on a l'imprudence de donner la suprématie et la direction politique à une Chambre exclusivement choisie dans leur sein.

Notre histoire nous a montré à nos dépens que la classe dont la première préoccupation est de faire des affaires, n'a jamais pu comprendre l'importance des trois grandes fonctions qui se lient à la protection due à l'Eglise, à l'initiative due au monarque, et à la constitution des aristocraties.

Mais, dégagée des pouvoirs d'utopie dont la surchargeait la Révolution, cette Chambre puise sa raison d'être dans la

nécessité de protéger les intérêts économiques. Elle retrouve là sa nature, et
voit ses motifs d'existence dans ceux
des Conseils généraux, mais de Conseils
généraux pourvus d'initiative et de pouvoirs sérieux. Elle en a les attributions;
et, dans l'étendue de ce devoir, elle
puise un droit précis de présenter et de
voter des lois, d'accord avec la Chambre
des Pairs, recevant comme elle un droit
de requête devant la Couronne.

Car il importe que les intérêts se re-
lient et se concertent; que, par un système d'élection bien entendu, on leur
assure dans l'Etat une représentation
réelle et pondérée. Cette Chambre prend
donc à la fois en main les intérêts généraux du pays et ceux de chaque province; ceux de l'agriculture, et ceux de
l'industrie. Telle est son importance,
telle est sa légitimité.

Il y a loin, on le voit, de cette fonction considérable à celle qui vient
mettre constamment en question tous
les principes sur lesquels repose l'Etat,
et jusqu'aux dogmes sur lesquels reposent la Foi, la famille et la propriété,
comme l'ont fait les Assemblées élec-

tives depuis 89. Il y a loin de ces importantes attributions à la faculté d'ôter au Roi la possibilité de gouverner et de faire le bien, au clergé la liberté de répandre la Foi et d'élever les mœurs, à l'aristocratie le pouvoir de protéger les principes et de les appuyer par l'exemple.

En fin de compte, les deux Chambres n'ont de raison d'être qu'autant qu'elles représentent des intérêts divers, qu'elles ont une origine et des attributions diverses. Pourquoi la commission des Trente ne paraît-elle pas même s'en douter ? Elle parle avec trop de naïveté de « l'établissement de deux Chambres, » entre lesquelles le pouvoir législatif » *se partage,* car il faut qu'il soit *divisé* » *pour être limité* ». — Nous aurons donc toujours la manie de mettre en conflit les Pouvoirs au lieu de mettre en harmonie les intérêts? et le libéralisme, jusqu'à la fin, frappera donc d'impuissance politique tous ceux qui s'en inspireront (1) ?

(1) Sans s'en apercevoir, le Rapport énumère aussitôt après les inconvénients d'une seule Assemblée législative ! Il ne cesse de parler « des

Non-seulement les deux Chambres ne sauraient avoir la même origine, puisqu'elles n'ont pas à défendre les mêmes intérêts, non-seulement la Chambre-Haute ne saurait émaner des mêmes électeurs que la Chambre élective, puisqu'elle n'en serait alors que la doublure; mais, si l'on veut qu'elles retrouvent leur rôle, si l'on tient à rentrer dans des conditions sérieuses, on doit même déclarer que le point capital est précisément de rendre à chacune d'elles l'origine qui lui est propre. La Chambre-Haute, représentant l'intérêt moral, national et traditionnel, trouve sa source principale dans Celui qui est l'expression du droit traditionnel; comme la Chambre élective, représentant les intérêts économiques, trouve la sienne auprès des intéressés eux-mêmes.

Comme les intérêts moraux et politiques sont représentés par la Chambre des Pairs, évitons avant tout d'élever en face d'elle un corps qui en paralyse les fonctions et en neutralise l'influence.

précautions qu'une telle Assemblée doit prendre contre elle-même » !...

Que la Chambre élective, ayant pour but
de réunir en corps nos Conseils généraux, jusqu'à ce jour si impuissants,
s'attache à devenir une représentation
savante et raisonnée de tous nos intérêts provinciaux, cantonaux et indivi-
duels, tant agricoles que manufacturiers; le pays, cette fois, traité comme
il doit l'être, lui en sera extrêmement
reconnaissant (1). On conçoit qu'une telle
Chambre ne saurait être convenable-
ment élue qu'au moyen d'une distribu-
tion exacte de ceux qui représentent ces
divers intérêts. Tout mode électoral tire
sa valeur de celle des votants.

(1) Il doit en être de la Chambre qui représente les intérêts provinciaux comme des conseils provinciaux eux-mêmes. Or, dit M. Coquille, « la politique doit être bannie des conseils provinciaux : c'est un principe reconnu
et appliqué dans toute l'Europe ; l'Angleterre,
plus qu'aucune autre nation, y est demeurée
fidèle. Il est de règle que les corps municipaux
ou autres assemblées locales ne peuvent pas
plus empiéter sur la Chambre des Communes
qu'elle ne pourrait empiéter sur eux. Les An-
glais maintiennent la distinction des attributions. Au fond, c'est l'intérêt des localités, puisqu'en s'absorbant dans la politique générale,
les localités s'effacent ».

D'autre part, la Chambre élective ne se proposera plus, comme elle l'a fait jusqu'à ce jour, de mettre en question chaque année l'existence de l'Etat, en mettant en question chaque année les traitements du clergé, du Roi, de l'armée, de la magistrature, sous prétexte de *voter les impôts...* Faut-il donc voter pour savoir si nous devons rester en société, et nous tenir, par le maintien d'une vieille supercherie, sur le pied du *Contrat social?* Dans le budget d'une nation, il y a les points fondamentaux, indispensables, permanents, qui ne sauraient dépendre d'un scrutin ; puis les points imprévus, nouveaux, momentanés, qui seuls doivent être examinés et discutés. Les premiers, obligatoires comme les devoirs, restent placés sous la garde de la Chambre des Pairs, qui en fait le contrôle avec exactitude. Les seconds, facultatifs et sujets à une appréciation, doivent être soumis à l'examen des deux Chambres, intervenant ici l'une et l'autre de concert avec le souverain. Puisqu'il existe dans tout budget des dépenses nécessaires, des dépenses utiles et des dépenses accidentelles, évidemment les premières ne sauraient dépendre d'un vote; les autres seules peuvent être mises en question et votées.

On le voit : Nous avons besoin de deux Chambres, mais non de deux tribunes politiques, qui remettraient en conflit les pouvoirs et permettraient aux intérêts matériels, d'ordinaire trop peu instruits en politique, d'étouffer tôt ou tard les intérêts moraux, de livrer de nouveau les principes à la merci des opinions, de ramener les catastrophes, et de finir par ruiner la vitalité du pays.

Etant déterminés le principe premier et l'élément régulateur de l'élection, étant ensuite reconnue la nécessité de deux Chambres pour embrasser tous les besoins d'un peuple, ainsi que l'urgence d'en faire représenter d'une façon distincte les principes, les droits et les divers intérêts, il reste une dernière question, celle d'assurer par le vote la représentation des divers intérêts, et d'empêcher qu'ils ne soient étouffés les uns par les autres.

CHAPITRE IV

LE VRAI

SUFFRAGE UNIVERSEL

I

Le vrai suffrage universel est celui qui embrasse l'universalité des intérêts. L'autre découle, comme on l'a vu, d'un ensemble de confusions que l'utopie continue de jeter :

1° Entre la souveraineté de Dieu et la prétendue souveraineté que l'athéisme voudrait attribuer à l'homme;

2° Entre ceux qui, concourant à la civilisation, édifient le corps social, et ceux qui par le fait ne peuvent que le détruire;

3° Entre les intérêts premiers de l'homme, base de toute civilisation, et les nombreux intérêts des individus; autrement dit, entre les intérêts moraux et les intérêts économiques;

4° Entre les classes qui, liées plus directement aux principes, travaillent au maintien de ces grands intérêts, et celles qui travaillent uniquement en vue des intérêts personnels;

5° Entre une Chambre haute, appelée dès lors à défendre nos lois fondamentales, nos intérêts moraux, et une Chambre élective, appelée à protéger nos intérêts économiques;

6° Entre la constitution des impôts indispensables, liés à l'existence de la nation, et le vote des impôts simplement utiles ou facultatifs, qui demandent à être soumis à un examen;

7° Enfin, entre l'idée captieuse de faire voter tout le monde, et la nécessité formelle de faire représenter tous les intérêts.

Aussi, depuis quatre-vingts ans, le système électoral n'a été qu'un système de destruction. On ne mettait en ligne de compte ni les lois premières de

l'homme, ni les intérêts innombrables
répartis sur un territoire, ni enfin le
droit traditionnel, qui est la vie de la
nation. Pour garantir ce droit, pour
assurer nos lois premières, pour protéger les existences nationales et les
branches de la production, il faut donc
tout à la fois que le Roi pourvoie à la
Pairie, et que les divers intérêts établis
sur le territoire nomment leurs représentants à la Chambre élective (1). Alors
les principes sont à couvert, les droits
et les besoins sont discernés, la nation
est représentée dans tous ses éléments,
et non plus la Révolution dans toutes ses
erreurs. Tout vit, tout se trouve à sa
place : la Foi, le Roi et toutes les classes
de la nation.

Rentrer ainsi dans la nature, distinguer les intérêts moraux des intérêts
matériels, puis les constituer, comme
chez tous les grands peuples, et dès lors

(1) L'expérience l'a montré : c'est dans la
royauté et non dans une Chambre que l'on peut
seulement placer le principe du gouvernement.
Les Chambres électives indépendantes n'ont
cessé de prouver qu'elles étaient un principe
d'anarchie et d'impuissance.

posséder, au lieu de deux tribunes politiques, deux Chambres ayant leurs attributions respectives, c'est fermer d'un
seul coup la porte à la Révolution...

Evidemment, ici, les difficultés politiques s'éloignent, et notre avenir se dé-
gage au moment où, laissant à la Chambre des Pairs ses fonctions, la Chambre
élective retrouve son rôle essentiel, re-
prend en main les intérêts de tout un
peuple, et donne enfin une représentation sérieuse aux besoins trop souvent
négligés pour de vaines et exorbitantes
discussions politiques. Et cette Chambre devient positivement représentative
lorsque, formée de tous les délégués
spéciaux, depuis ceux des ordres religieux quant aux biens temporels, jusqu'à ceux des corps de métiers, elle tire
son origine de toutes les existences nationales. La voix des vrais besoins se
fait entendre, celle de l'utopie se tait, et
tout rentre dans la vie régulière.

C'est le désarmement universel.

Si déjà la décentralisation, en rete-
nant les ambitions dans les provinces,
offre un moyen de délivrer la capitale
d'une armée toujours prête à renverser

l'Etat, le suffrage rationnel nous apporte à son tour un moyen d'éteindre au même instant les flammes de la Révolution. — Les ingénieuses combinaisons que des hommes éminents proposent, avec tant de raison, pour amortir les effets du faux suffrage universel, ne feraient que nous organiser dans l'erreur... Ils l'avoueront eux-mêmes, quand le char court à l'abîme, les détours et les freins retardent la catastrophe, mais ne l'évitent pas.

Dût-on même trouver le moyen d'ôter à ce suffrage tout ce qu'il a de redoutable, dût-on réussir à le rendre inoffensif dans la pratique, il faudrait l'abolir par cela seul qu'il institue l'orgueil, qu'il soulève et pervertit la foule et fixe la société dans un athéisme qui la mène à sa fin. Quelle nation supporterait longtemps une aussi formidable erreur? Ce suffrage, faut-il le répéter encore, est la logique application de la souveraineté du peuple, et celle-ci, l'inévitable conséquence de l'athéisme social. Aussi, a-t-il pour effet de soumettre les forces morales aux forces brutes, et dès lors de produire un *désor-*

dre universel; puis de mettre tous les fondateurs du capital entre les mains de ceux qui n'ont rien produit, et dès lors d'amener un *pillage universel.* Issu des plus grossières erreurs politiques, et conférant à tous les hommes une intervention souveraine dans le gouvernement (1), il nous fut imposé comme une punition de notre impiété ! A coup sûr, dans une telle aberration, il n'y a rien à régler ni rien à adoucir : le seul moyen de rendre inoffensif un mal de ce genre, c'est de le supprimer.

(1) Il faut de toute nécessité, pour que la société subsiste, que les volontés, particulières, toutes intéressées, se conforment à la volonté générale, ou à la raison, conforme elle-même à la fin générale de la société, ou de la nature humaine. Car lorsque la volonté de tous, qui n'est que la somme des volontés particulières, veut dominer, elle détruit la volonté générale, qui embrasse l'intérêt commun et sur laquelle repose la société. Or, cette collection des volontés particulières est celle que fait valoir le faux suffrage universel... Il est clair que là où toutes les volontés particulières dominent, la raison générale succombe et la société se dissout.

II

Lorsqu'on songe qu'un tel suffrage viole à la fois les droits de Dieu et les droits de la civilisation, il y a moins à se préoccuper de ce qu'il viole ceux des minorités ; sinon ce serait rentrer, par une voie détournée, dans le système de la souveraineté populaire. Le but de la loi électorale n'est pas de représenter les partis ni de recueillir les minorités, comme on a cru devoir le dire pour être juste ; mais de représenter les principes, les droits et les intérêts, car ces trois éléments composent tout le corps social. Les partis ne sont pas dans la nature, et leur plus savante organisation maintiendrait les conditions d'une lutte funeste et stérile. Ce sont au contraire les partis qu'il importe d'écarter pour faire place à la nation. Quel que soit le nombre des hommes, le point essentiel pour eux, c'est d'être consultés sur leurs intérêts. Car si l'on s'avisait encore de les interroger sur les lois

de la politique ou sur les intérêts de la
Foi, ils répondraient encore, comme depuis un siècle, des choses nulles ou insensées. Il est théoriquement et historiquement vrai que la plus grosse erreur peut avoir le plus gros parti pour elle; tandis que plus un principe est élevé, plus il a de difficulté à recruter de nombreux adhérents.

Mais ce qui est dans la nature, ce qui forme le but de toute loi électorale, ce sont les lois de l'existence nationale, les lois de la famille et de l'Etat, les lois des diverses unités et des diverses fonctions qu'il renferme, les lois qui se rapportent à toutes les branches de la production, et dès lors, avant tout, les principes sur lesquels ces lois et ces réalités reposent. Il s'agit de reconstruire, et conséquemment de recueillir politiquement la nation telle qu'elle se forme. L'organiser, c'est donner une existence légale à tous ses éléments. C'est prendre conjointement les intérêts des individus et ceux de la société dans la mesure de leur importance. Ne pas tenir compte de la valeur des fonctions d'un homme, d'un ordre ou d'une classe;

c'est ne pas tenir compte de la société même.

Une fois établi que tous les ordres et toutes les corporations doivent avoir leur moyen efficace de représentation, il reste à reconnaître les garanties que doit offrir chaque électeur, spécialement dans les campagnes, où il n'y a d'autre corporation que la commune.

Or si d'une part le capital, première preuve de moralité, est le signe de l'aptitude civique, de l'autre la famille nous présente la molécule sociale, dont le père est le centre et le lien. Le célibataire ne saurait être considéré comme la molécule organique : c'est un atome encore isolé. Il ne peut pas aller de pair avec le chef d'une famille, qui représente ici un organisme entier. L'homme n'est pas un grain de poussière, mais un anneau de la chaîne qui lie son existence, ses intérêts, ses souvenirs, ses espérances, à ceux qui lui sont liés par le sang : chaîne à laquelle du reste, il faut le remarquer, se rattachent presque tous les faits sociaux. Or la force qui retient les anneaux de cette chaîne précieuse, c'est l'autorité paternelle, qui est de droit divin ; on peut donc largement réclamer les droits politiques pour elle. Au fait, tout dépend de l'autorité paternelle et passe par ses mains : sang, famille, croyances, traditions, éducation, épargne, vertu, apprentissage ; aussi voit-on la société grandir sur tous les points où cette autorité reste intacte, et faiblir partout où elle s'affaiblit.

Comme en définitive la société se forme de ces petites sociétés, la nation de ces petites nations appelées familles, le père d'une famille, surtout s'il a jeté les fondements du capital sur lequel elle s'appuie, est le pivot de la nation (1). Le

(1) Un tel homme réunit les deux éléments de l'aptitude sociale et les deux principes de dignité chez l'homme.

M. l'abbé Defourni tire cette conclusion des principes du droit électoral d'après le droit pontifical et l'étude des anciennes Chartes françaises, que, la nation étant composée de familles et de groupes de familles, « les seuls chefs de famille ou de maison, y compris les veuves et les tuteurs d'orphelins, ont droit de suffrage dans les élections ».

« La part de souveraineté impliquée dans le droit électoral, dit M. Coquille, remonte à l'autorité paternelle. Mandataire de droit naturel ou de droit divin, l'électeur, ici, continue dans

Gouvernement ne doit nous apparaître, à vrai dire, que comme une extension de l'autorité paternelle... Celle-ci est donc, par excellence, le premier élément du droit électoral ; un tel droit ne semble en effet légitimement se rattacher qu'au pouvoir paternel. Et si le prêtre, le magistrat et le chef de corporation possèdent la qualité d'électeur, c'est qu'ils sont ici pères d'une famille plus grande encore. La société est une formation dont l'élément offre déjà une cristallisation disposée sur le même plan que l'ensemble. L'Etat n'est point un assemblage artificiel, mais une structure hiérarchique de toutes les existences sociales formées par la nature même.

Le second élément du droit électoral

la vie publique le rôle qu'il assume dans la famille. La nation se compose de familles et n'est en définitive qu'une grande famille. Cette part de souveraineté politique s'ajoutait à la souveraineté particulière qu'exerce le père de famille, se résume dans le droit électoral. Notre royauté héréditaire n'est que le régime de la famille appliqué à une nation ; et par cela même, chaque famille fait partie de la royauté. C'est la Révolution, principe d'individualisme, principe de désagrégation, qui a pulvérisé la société française ».

se trouve naturellement dans le capital, ce résultat immédiat de l'effort et des vertus de la famille. C'est en vain que le monde politique s'agite pour se reconstruire, s'il commence à écarter ici les faits universels. Il doit comprendre que l'individu qui n'a rien su constituer, qui n'a même pas eu le cœur de fonder une famille, pour rendre à la société le premier bien qu'il en a reçu, qui persiste à ne rien produire, ni en affections, ni en vertus, ni en moralité, ni en épargne, s'exclut lui-même de la nation, comme il s'exclut de la nature humaine, dont le propre est de mériter. Ne présentant ni logis (1), ni famille, ni trace quelconque de capital, appartenant par le fait à l'état sauvage, il se trouve dans l'impossibilité de représenter par son vote le moindre élément de la société. Comment, à plus forte raison, serait-il apte à représenter par ce vote l'ordre moral, la Foi, la loi, la justice et l'hérédité?

(1) « Personne, dit *l'Ecclésiastique* (XXXVI, 28), ne se fie à celui qui n'a point de gîte, et qui erre comme un voleur, toujours prêt à fuir. »

III

La capacité sociale commence donc avec l'établissement de la famille et les débuts de la propriété. Le père et le propriétaire, tels sont les véritables citoyens, les véritables électeurs communaux. Ils nomment, suivant le chiffre de la population, des électeurs au canton, qui, au fond, pourraient être les conseillers municipaux. Ceux-ci nomment les conseillers d'arrondissement et de département, lesquels nomment à leur tour les conseillers devant l'Etat, ou les députés à la Chambre élective. On comprend que les électeurs communaux, ceux du premier degré, soient aptes à élire des conseillers municipaux parmi leurs concitoyens, qu'ils connaissent; ceux-ci à élire, dans le canton, des conseillers d'arrondissement et de département, et ces derniers à élire des députés. Voilà ce qu'il est raisonnable d'attendre de l'élection. Les choses seront ainsi d'autant plus rationnelles et d'au-

tant plus consciencieuses, que les électeurs de chaque degré confieront à leurs
élus les intérêts qui leur sont le plus
proches, et que les uns et les autres ne
seront pas obligés de se décider sur des
questions étrangères à leurs connais-
sances.

On demande à chaque série de citoyens de se prononcer sur des points
qui sont à sa portée et sur des hommes
qu'elle peut apprécier. C'est tout ce que
l'on peut exiger du jugement de l'homme. Et si ce sont là des degrés d'élection, ce sont bien avant tout les degrés
que suit la raison.

Chose admirable ! dans ce suffrage
rationnel, nous retrouvons toute la société : d'abord le lien qui, d'un côté,
unit Dieu à l'homme, l'homme à la
propriété, la propriété à la famille ;
puis, de l'autre, le lien qui unit la
famille et la propriété à la commune,
la commune au canton, le canton à l'arrondissement et au département, le département à l'Etat. Ici l'organisation
politique ne fait que suivre, d'une part,
l'essor même du développement de la
nation, et, de l'autre, celui du déve-

loppement du mérite chez les individus qu'elle renferme, de manière à protéger le principe par excellence de l'a-
mélioration de l'homme, traduit par la
hiérarchie. Ici, chose admirable ! la construction de l'homme et celle de la nation
sont choses parallèles...

L'élection doit partir, disions-nous,
de toutes les existences nationales et de
toutes les sources de production ; la
Chambre élective qui en résulte vient
donc représenter à la fois l'agriculture
et l'industrie. Mais comme il ne saurait
y avoir une Chambre rurale et une
Chambre urbaine, et qu'on doit au contraire rallier les intérêts d'une nation,
bien loin de les mettre en conflit, cette
Chambre renfermerait en quelque sorte
deux grandes commissions, toujours ramenées à l'unité d'entente et de vote.
Alors, pour l'agriculture, les provinces
ont à faire valoir leurs intérêts locaux, à
exposer les besoins de chaque branche de
produits : céréales, fourrages, vins, bes-
tiaux, bois, laines, plantes textiles, etc.
Pour l'industrie, il importe d'assurer à
chaque profession, à chaque corps de
métier, ou un représentant, ou un

moyen certain d'être représenté, comme cela avait lieu avant la Révolution. Peu de temps suffirait pour établir un juste équilibre entre les diverses catégories d'intérêts, qui du reste ne sont pas en lutte comme les partis (1).

Le même moyen de représentation doit être assuré au clergé et à ses Ordres pour leurs intérêts temporels, à l'armée pour ses intérêts moraux, à la magistrature, au barreau, aux chambres de notaires et d'avoués, aux chambres d'agriculture et d'industrie, aux tribunaux de commerce et conseils de prud-hommes, probablement à certaines compagnies financières, industrielles et commerciales, sans oublier les sociétés de bienfaisance, de secours mutuels, de sciences et de beaux-arts, etc. Ce sont

(1) On a proposé trois groupes d'électeurs, comme en Prusse : le premier comprenant les plus forts imposés, et les deux autres, les contribuables des deux catégories suivantes. Cette combinaison pourrait avoir, en effet, l'avantage de représenter à la fois les intérêts de la grande, de la moyenne et de la petite propriété. Mais ce système est incomplet : on ne peut pas négliger les intérêts manufacturiers et industriels, même en vue de guider l'industrie et de contenir l'industrialisme.

là des existences sociales, toutes légitimes, qui, suivant leur importance, pré-
senteront des électeurs ou des représentants directs, conjointement avec ceux
que fourniront les communes.

Les fonctions et les professions doivent être autorisées de nouveau à se
combiner suivant leurs spécialités. Les
hommes sont en société, et rien n'est
plus naturel que ces liens de la fonction
et de la profession au sein même du
corps social. Le système de la division
du travail pris en grand, que la force
des choses établit d'elle-même partout,
doit se voir reproduire dans la loi électorale destinée à régir tout un peuple.
Or, ici, à moins de rentrer dans l'anarchie, l'Etat ne saurait pas plus mettre
en question la légitimité de la famille et
de l'hérédité, du travail et du capital,
du mérite et des dignités, de la justice
et des mœurs, que la légitimité de la
Foi, sur laquelle reposent l'existence et
le développement de ces faits sociaux.

Ne tenant compte ni de Dieu, ni de
l'homme, ni du père, ni de la famille, ni
des droits acquis, ni des fonctions ou professions toutes distinctes, ni des unités

fournies par la commune, par le canton, par les provinces, par les corporations, par les Ordres, ni même de la Royauté, ni dès lors du pays tel qu'il est, l'unitarisme n'a été que l'anéantissement de la nation. Tout au contraire, par une juste répartition électorale représentant d'une manière générale la division du travail chez un peuple, chacun se meut dans un cercle proportionné à ses affaires, à sa capacité, à l'importance de ses fonctions. On ne dérange rien, on ne déclasse rien, toute chose vit à sa place. En outre, on ne contraint point les électeurs, par une supercherie indicible, à juger de questions qu'ils ignorent et d'hommes qu'ils ne connaissent pas.

Cette répartition intégrale des intérêts et ces divers degrés dans l'élection rurale répondent à toutes les situations. La nation se trouve représentée dans ses forces morales comme dans ses forces matérielles, dans ses devoirs comme dans ses besoins : l'homme est enfin complètement institué ! Ce suffrage rationnel est le vrai suffrage universel...

Encore une fois, il ne s'agit pas de donner une représentation à chaque classe, mais à chaque intérêt engagé dans cette classe. Les intérêts se concilient, et les classes ne doivent pas être mises en conflit. Dès que toutes les existences nationales et tous les groupes d'intérêts sont nettement représentés, il y a intégrité de suffrage pour l'universalité des citoyens. Le point essentiel n'est pas le droit de chacun d'eux à prendre part au vote, mais à obtenir du vote une expression sérieuse de toutes les conditions qui les font prospérer.

IV

Après la question du retour du Roi, après celle des droits qu'on doit rendre à l'Eglise, il n'en est pas de plus grave, de plus digne de nos sollicitudes que celle de l'Election. Cette question, qui touche à un intérêt moral et à un intérêt politique de premier ordre, doit prendre une place d'urgence dans les décisions du pays.

Quittons donc la série des idées qui

nous perdent ! Confondre tous les intérêts et noyer dans l'unitarisme les classes dirigeantes, c'est rentrer au chaos et
opérer une destruction nationale. Pourquoi écarter à jamais toute expérience ?
Peut-on abandonner à eux-mêmes les
divers éléments dont la société se compose, sans les voir se heurter et tomber
en dissolution ? Renonçons à nos préju-
gés ! Si le peuple ne se rend pas compte
de l'opération si importante du magistrat, s'il méconnaît le travail prodigieux
du prêtre, le marchand à son tour ne
comprend pas le but des aristocraties,
le rôle des principes et des sentiments
élevés. Ne sont-ce pas les classes moyennes qui, en 1830 comme en 1789, ont
banni le Roi légitime, annulé l'empire
de l'Eglise, et peu à peu conduit la
France à l'état où nous la voyons ? Il ne
faut donc point, comme le veut l'unitarisme, qu'une classe supérieure dépende
d'une classe inférieure. C'est là une politique à tout briser. On le sait trop :
depuis quatre-vingts ans, le peuple ne
voudrait pas de bourgeoisie, la bourgeoisie pas de noblesse, et la noblesse,
le plus souvent, pas d'initiative dans le

pouvoir du Roi. Alors, que reste-t-il (1)?

Reconnaissons enfin que le véritable suffrage universel est dans l'universalité des intérêts économiques et moraux, et qu'il est moins question ici du nombre des votants que des besoins qui les concernent. Il ne s'agit point de supprimer des électeurs, mais de les dégager d'une confusion qui les étouffe, de leur assurer une action efficace, en faisant surnager les véritables citoyens, en affranchissant ces derniers des parasites et des utopistes, que réunit en ce moment la solidarité du mal. Ici, on ne renvoie personne; on recoure à la compétence, de manière à servir sérieusement les intérêts. L'élection à plusieurs degrés, qui part de la commune, n'est qu'une représentation progressive, une

(1) L'habitant des campagnes fait plus de cas du légiste, qui le dirige dans un procès, que du théologien, qui le guide dans sa conscience, ou de l'homme d'Etat, dont il n'entend jamais parler. Sur ce point l'homme des champs est de fort peu dépassé par l'homme des classes moyennes, tout occupé de sa fortune. Dès lors, comment attendre de ces deux classes, les plus nombreuses, la haute direction qu'il faut imprimer au pays?

ascension intelligente, ramenant la vic-
toire des forces morales sur les forces
brutes ; de même que l'élection distinc-
tive, qui part des fonctions et des corporations, est une représentation équitable
et judicieuse des divers intérêts du pays.
C'est à la fois le salut et le droit, le devoir et l'honnèteté ; c'est la justice et la
sécurité ramenées en France ; c'est la
nation, sans vainqueurs ni vaincus, pla-
nant au-dessus des partis pour les con-
cilier.

Tel est le vrai suffrage universel honnêtement pratiqué (1) ; tel est le but réel de

(1) Alors, ce suffrage ne sera plus, comme le
dit Pie IX, un *mensonge universel*. Mensonge,
puisqu'il dérobe la souveraineté à Dieu pour la
donner à l'homme, et à ce qu'il y a de moins
développé chez l'homme, c'est-à-dire à la foule ;
mensonge, puisqu'il prend de la sorte, parmi
les hommes, la place de l'Église, la place de la
justice et la place des lois ; mensonge, puisqu'il démolit la civilisation en ramenant la force
matérielle, ou la force du nombre, à la place
de la force morale ; mensonge, puisqu'il oblige
la foule à décider des questions de haute politique, de morale et d'économie qui sont tout à
fait hors de sa portée ; mensonge, puisqu'il en-
lève par là même aux diverses aptitudes et aux

l'Élection, embrassant les forces morales
et les forces économiques, toutes représentées proportionnellement à leur importance nationale. Car si tous les prin-

divers intérêts les fonctions et les soins qui ren-
trent dans leurs compétences ; mensonge, puisqu'au lieu d'être universel, il n'appelle à voter
que les hommes adultes, confisquant au profit
d'un quart de la population les droits qui concernent les femmes et tous les mineurs ; mensonge, puisque cette confiscation faite au profit
de ceux qui ont déjà la force brutale, dépasse
encore l'iniquité et l'inégalité de l'état sauvage,
fait disparaître la protection que tout ordre social accorde au faible contre le fort ; mensonge,
puisqu'alors, en vertu d'un droit légal, le fort
met sa fantaisie à la place du droit et de la justice, et compte faire table rase des croyances
et des coutumes, de la famille et du capital,
finalement de tout le bien que possède encore
la civilisation ; mensonge, puisque prétendant
composer la société d'individus et non de familles, il détruit tout droit naturel, tout droit
divin, et dès lors toute autorité possible ; mensonge, enfin, puisque rien n'est plus faux qu'un
droit inné attribué à un être qui doit tout à la
société, l'existence, les affections, la protection,
l'apprentissage, les lumières, les droits, etc.
Car si, plus tard, il est pourvu de droits acquis,
c'est lorsqu'au prix de ses efforts, de ses vertus,
de son intelligence, il a su, en fondant une famille, en fournissant un travail ou en créant
un capital, coopérer à l'ordre social et lui rendre ce qu'il en a reçu.

cipes et tous les intérêts n'étaient pas représentés dans la mesure de leur importance, ils ne seraient plus rationnellement ni équitablement constitués, et la nation entière serait bouleversée. A la honte du pays, les forces supérieures resteraient étouffées sous les forces inférieures, comme il est arrivé depuis 89, comme il arrive dans les Etats barbares.

Il ne s'agit pas ici, bien entendu, d'ébaucher une loi électorale, mais d'en indiquer les principes, et de viser au moyen de sortir du mensonge et de l'unitarisme absurde qui achèvent de ruiner et de déshonorer la nation. Hâtons-nous! retournons sur le terrain solide, si nous voulons y trouver un abri. Le monde a été ébranlé et disjoint par le protestantisme; il est dissous par le libéralisme; il est sur le point d'être réduit en cendres par le socialisme. Plus de société possible sans retour aux principes, plus de principes sans un retour à Dieu. Si les hommes n'y prennent garde, il se verront subitement enveloppés dans les dernières catastrophes.

Nous vivons d'une vie étrange, nous

sommes dans un état violent qui ne saurait durer...

Les élections municipales viennent de montrer à l'Assemblée dans quelle impasse horrible elle nous enferme. Il est vrai que toute sa partie inférieure est encore engloutie dans l'erreur du libéralisme. Évidemment, elle ne possède pas la puissance d'étouffer la Révolution, de rendre la vie à la France ! — Qui donc possède cette puissance ? — Celui qui compte sur l'aide de Dieu, mais dont notre effrayante imprévoyance retarde jusqu'ici le retour...

www.ingramcontent.com/pod-product-compliance
Ingram Content Group UK Ltd.
Pitfield, Milton Keynes, MK11 3LW, UK
UKHW031831170726
13836UKWH00004B/1626